Noch mehr über das Leben, die Liebe, die Wahrheit und die Welt

Harlekin Pierrot

Noch mehr über das Leben, die Liebe, die Wahrheit und die Welt

Harlekin Pierrot

Bibliographische Information der Deutschen
Nationalbibliothek

Die Deutsche Nationalbibliothek verzeichnet diese Publikation
in der deutschen Nationalbibliographie, detaillierte
bibliographische Daten sind im Internet über http://
dnb.dnb.de abrufbar.

© 2019 Harlekin Pierrot

Herstellung und Verlag

Books on Demand, Norderstedt

ISBN 9783750425446

Zum Geleit

Über das Leben, die Liebe, die Wahrheit und die Welt – so heißt mein Erstling, ich weiß nicht ob Du ihn schon gelesen hast?

Musst Du nicht, denn diese Gedichte sind keine Fortsetzung, sondern Betrachtungen und Beobachtungen, die ich für mich gemacht habe und Dir gerne mitteilen möchte – nicht mehr und nicht weniger!

Vielleicht regen diese Gedichte Dich zum Denken, Diskutieren oder zu anderen Dingen an, das wäre sehr schön!
Vielleicht liest Du diese Gedichte aber einfach zur Unterhaltung, was auch in Ordnung ist – man muss nicht immer interpretieren, wie es früher im Deutschunterricht gewesen ist, aber das entscheidest ausschließlich Du!

Viel Freude beim Lesen – so wie ich sie beim Schreiben empfunden habe!

Harlekin Pierrot

Leben

Das Leben hat alles

    Freude

    Trauer

    Wut

Ein weiterer Gedanken

Man glaubt man ist frei, wenn man älter wird.

Man glaubt, man kann etwas bewegen, wenn man älter wird.

Ist es so, dass das Alter es uns sagt?

Nein – frei ist man immer – man muss es wollen!

Nein – unabhängig ist man immer – man muss es wollen!

Nein – man kann immer etwas bewegen – man muss es wollen!

Alter ist also ein Vorwand!

Wolken und Gedanken

Der Blick schweift in den Himmel, man sieht Wolken …

Wolken sehen aus wie Gedanken …

Gedanken an Menschen …

Gedanken an Vergangenes …

Gedanken an Zukünftiges …

Gedanken an Schlechtes …

Gedanken an Gutes …

Die Wolken zeichnen ein Bild dieser Gedanken –

Schwer, leicht, aber doch bestimmt!

Die Gedanken ändern sich, wie das Bild in den Wolken!

Bäume

Ein knorriger Stamm,

kräftige Äste,

Narben des Lebens, die den Baum auszeichnen –

Spiegel der Zeit –

Gedanken über das Leben –

der Baum hat viele gesehen …

Ruhige Leben, wilde Leben, …

LEBEN!

Der Baum überlebt alle –

der Baum beschützt alle –

die Narben verheilen und zeigen die Erfahrung …

ein knorriger Stamm,

kräftige Äste!

Warten

Sitzen,

stehen,

liegen, …

… Menschen stehen da,

sehen sich an,

fixieren ihr gegenüber,

taxieren es – gehen weiter …

WARTEN!

Zwischengitteratom

Nicht hier gehöre ich hin.

Nicht dort gehöre ich hin.

Wo ist mein Platz?

Hier ist er nicht!

Dort ist er nicht!

Ich habe keinen Platz …

in der Physik nennt man das Zwischengitteratom!

Regentropfen

Mein Blick folgt dem Tropfen!

Er fällt vom Himmel herab, der Erde entgegen!

Langsam – schneller werdend –

folgt er seinem Weg …

er findet sein Ziel, zufällig!

Mein Blick folgt dem Tropfen!

Bis ich ihn nicht mehr sehen kann!

Das Leben

Hier pulsiert es, …

Denker, Dichter, Professoren, Lehrer, Studenten …

Leben, denken, diskutieren, schreiben, …

Im Kaffeehaus, auf der Straße …

… einfach sehen, spüren, genießen …

… beim Kaffee,

… beim Bier,

… beim Wein,

… die Ideen sprudeln …

… Leben!

Eindrücke

Eindrücke prägen!

Eindrücke überwältigen!

Eindrücke bilden!

Eindrücke sind wichtig!

Eindrücke machen uns zu dem, was wir sind!

Eindrücke prägen!

Hören

Im Ohr Gesang – der Blick auf Fremdes,

... Vertrautes, Anderes,

Gedanken schweifen ab.

Gedanken an die Menschen,

Gedanken an die Veränderung,

Gedanken an das Andere,

Gedanken an Vieles,

Gedanken an nichts!

Glück und Ewigkeit

Ich blicke über das Tal.

Sehe am Horizont die Berge …

Schnee blinkt in der Sonne.

Die Ewigkeit steigt über den Horizont,

das Glück steht am Horizont!

Ich blicke in das Tal,

… alles erscheint so klein und unwirklich –

Die Ewigkeit dauert nur einen Moment!

Das Glück ist ein Moment der Ewigkeit!

Farben des Himmels

Blick in die Wolken, tief stehen die Wolken,

zerrissen, schwer schnell …

… der Himmel zeigt all seine Farben,

blau, rot, violett, grau, schwarz!

Gedanken ziehen wie Wolken vorüber,

… zerrissen, schwer, schnell,

… grau, bunt, …!

Die Suche nach Deutung, Erkenntnis, ….

… immer wieder schwer!

Gehen

Wo gehen wir hin?

Was ist unsere Richtung?

Wir treffen eine Entscheidung zu gehen!

Und dann gehen wir …

Und lassen zurück …

… Ziel!

Game Over

Er sagte „Game Over"!

Er sagt, es geht nicht mehr …

Ein langer Kampf hat ein Ende!

Geschenkte Lebenszeit …

Jetzt ist er auf der besseren Seite!

Wir haben uns verabschiedet!

Freiheit!

Frieden!

Game Over!

Fünf

Fünf?

Fünf ist eine Zahl!

Fünf ist die Summe aus Drei und Zwei!

Drei Dunkle und zwei Helle!

Das sind fünf!

Fünf im Leben!

Fünf Freunde!

Fünf Leben!

Fünf!

Wie vor 20 Jahren

Ein Erdloch …

Menschen stehen davor …

Zeigen Gefühle …

Tränen fallen …

Kaleidoskop im Kopf …

Wie vor zwanzig Jahren …

Menschen stehen davor …

Wege

Wege führen irgendwohin!

Wege führen auseinander!

Wege führen zusammen!

Wege führen zu einem hin!

Wege führen von einem weg!

Wege haben manchmal ein Ziel!

Wege haben manchmal kein Ziel!

Wege sind einfach!

Wege sind schwierig!

Wege bestimmen ein Leben!

Horizont – Unendlichkeit?!

Horizont – Unendlichkeit?!

Erwartungen

Hoffnungen,

Horizont – Unendlichkeit?!

Sterne,

Weite,

Horizont – Unendlichkeit?!

Gedanken,

Gefühle,

Horizont -Unendlichkeit!

Reise ins Ungewisse

Eine Reise ins Ungewisse!

Neue Erlebnisse!

Neue Erfahrungen!

Neue Eindrücke!

Neue Aufgaben?!

Bringt sie das Erwünschte?

Es ist eine Reise …

… ins Ungewisse!

Horizontlinie

Der Blick auf den Horizont …

er verbirgt die Gedanken …

Welche Gedanken?

Welches Leben?

Welche Dankbarkeit?

Ich sehe ein Schiff …

Es nähert sich dem Horizont …

wie die Gedanken …

Sturm!

Gedankensturm!

Verschwimmen der Horizontlinie!

Urwald

Urwald der Gedanken

Gedankenchaos!!

Ruhe?

Silberstreif im Chaos!

Ordnung?

Ideen?

Urwald?

Weg?

Lichtung …!

Hoffnung?

Wege aus dem Urwald der Gedanken?

… langsam …

Dunkelheit

Dunkelheit …

Nicht wissen …

… etwas passiert,

… nichts passiert!

… Dunkelheit …

Nicht wissen …

… etwas geschieht,

… nichts geschieht!

… Dunkelheit …

… Gefühle zeigen sich,

… Gefühle zeigen sich nicht!

… Dunkelheit!

Leben - Leiden

Leben?

Lassen?

Leiden?

Hoffnung auf eine Entscheidung!

Richtig?

Falsch?

Was ist eine Entscheidung?

Entscheidungen können Leiden bedeuten!

Entscheidungen werden nicht selbstlos getroffen°!

Leben!

Lassen?

… richtig??

Stille

Stille macht Angst!

Stille ist gewaltig!

Stille birgt Kraft!

Stille birgt Neugier!

Stille zeigt Möglichkeiten!

Stille gibt Perspektiven!

Lernt aus der Stille …

Erlebt einmal die Stille …

… dann wisst ihr, was Stille kann!

Wasserlauf

Blick auf einen Wasserlauf ...

Leben ...

Leben entsteht,

Leben vergeht,

wie in einem Wasserlauf,

unendlich ...!

Garten der Hilfe

Es gibt ihn!

Irgendwo im Nirgendwo!

Du wirst ihn finden!

Bunt ist er – wunderschön – geheimnisvoll!

Er hat viele Stationen!

Du wirst wissen, welche!

Du wirst wissen, welche für dich ist!

Einzigartig!

Das ist der Garten der Hilfe!

Unvollendet

Das Leben strebt nach Vollendung –

Doch eigentlich ist das unvollendete spannend!

Der Tag erwacht …

Die Gedanken beginnen sich zu sammeln,

die Augen blicken mich an,

die Trübheit der Nacht verschwindet,

die Sterne verblassen,

die Sonne kämpft sich durch die Wolken,

der Tag erwacht!

Statuen

Statuen stehen da – in einer italienischen Stadt!

Sie lächeln dich an …

Sie zeigen eine vergangene Zeit …

Sie zeigen ein vergangenes Leben …

Sie zeigen vergangene Ideale …

Wir stehen davor …

… versuchen die Statuen zu verstehen!

Hauch der Zeit

Die Statue blickt mich an …

Ich versuche den Blick auf sie zu fixieren …

Spüre in mir die Gedanken kreisen …

Spüre den Hauch der Geschichte …

Spüre den Hauch des Lebens …

Versinke im Blick der Statue …

Schemenhaft ersteht die Zeit …

… ich tauche in die Zeit …!

Erinnerungen

Erinnerungen tun weh …

Erinnerungen verursachen Schmerzen …

Erinnerungen rufen Tränen hervor …

Erinnerungen machen traurig …

Erinnerung machen schwermütig …

Immer und immer wieder!

Verlust der Leichtigkeit, Schwermut, Schmerz und Tränen!

Liebe

Der Pierrot erzählt: Liebe ist das schönste und das traurigste,

was Dir wiederfahren kann,

genieße sie, erleide sie, LEBE sie, denn sie ist Wahnsinn!

Der geliebte Körper

Empfinden

Zärtlichkeit

Lust

All das sehe ich …

Der Blick schweift, die Gedanken sind da …

Freude den geliebten Körper zu berühren, …

In ihm zu vergehen und die Liebe zu erwidern, die er

verströmt!

Gefühl

Was ist ein Gefühl?

Ein Eindruck?

Ein Spüren?

Ein Hoffen?

   -

All das kann ein Gefühl sein!

Es lenkt und bestimmt unsere Schritte – das Gefühl!

Unendlichkeit

Ich will Dich!

Ich will Dich bis zur Unendlichkeit!

Was ist die Unendlichkeit?

Das ist gestern, heute, morgen!

Das ist das Leben mit Dir!

Das ist wundervoll!

Das ist die Unendlichkeit!

Freunde

Menschen reisen,

Menschen sehen,

Menschen sprechen,

Menschen lernen sich kennen,

Menschen werden Freunde,

Menschen sind Freunde,

denn Freunde sind überall!

Bewegung

Bewegung ist eine Kunst.

Bewegung ist Leben.

Leben ist Bewegung.

Bewegung ist Freiheit.

Freiheit ist Bewegung.

Bewegung ist Liebe.

Liebe ist Bewegung.

Summenformel

In der Chemie gibt die Summenformel fast alles an …

… nur nicht die Eigenschaften,

… nur nicht die Bindungen,

… nur nicht die Struktur …!

Im Leben gibt die Summenformel alles an …

… die Eigenschaften,

…. die Bindungen,

… die Struktur,

… die Liebe,

… die Summenformel des Lebens:

Einzigartig, kurz, knapp, klar!

Kinder

Kinder haben Mut!

Kinder haben Angst!

Kinder sind die Zukunft!

Kinder sind Leben!

Kinder sind unsere Verantwortung!

Lasst uns unserer Verantwortung stellen!

Abschied

Manchmal muss man einen Menschen gehen lassen …

Menschen gehen lassen … das ist schwer!

Der Mensch kämpft, denn er will Leben!

Er kämpft gegen das Unvermeidliche!

Wir sehen zu und spüren …

Die Uhr tickt …

Das Leben verblasst …

… wir sehen den Kampf …

… und spüren …

… lassen ihn gehen …

… Frieden …

… Unendlichkeit …

… Vergebung …

… Liebe …

… Abschied!

Blick

Blick,

Moment,

Augenblick,

Unendlichkeit – Glück – Trauer – Hoffnung …

Moment,

Vergänglichkeit,

Freiheit,

Frieden!

Krank

Ein Körper, jung und elastisch!

Ein Körper, die ersten spuren!

Ein Körper, es zeigt sich …

Verfall,

Angst,

Kampf,

Aufbäumen gegen etwas,

Leben wollen, alles geben,

Hoffen,

Erleben,

… mehrmals aufgeben …

… ungleiche Gegner,

… Niederlage …

Tod,

Ende!

Du gehst …

Du gehst …!

Ich bleibe …!

Ab heute in einer anderen Stadt!

Sie bringt dir Neues …

Sie ist fremd …

Du gehst …!

Ich bleibe …!

Hoffentlich bringt sie dir Glück!

Es beginnt ein anderes Leben!

Du gehst …!

Ich bleibe …!

… blicke dir nach!

… du bist ein Teil von mir!

Du gehst …!

Ich bleibe …!

… in den Augen Tränen!

… im Herzen schwer!

Du gehst   deinen Weg!

Ich bleibe …!

Hier – Dort!

Ich bin hier –

Du bist dort!

Wo ist hier?

Wo ist dort?

Gedanken sind hier!

Gedankensind dort!

Gedanken sind mit uns!

Meins!

Ich liebe Sie – über alles!

Sie ist mein Leben – Meins!

Sie ist meine Unendlichkeit – Meins!

Sie ist meine Inspiration – Meins!

Sie ist mein ein und alles – Meins!

Meins – für immer und ewig!

MEINS!!

IMMER!!

Generationen

Der Urgroßvater hat es abgeschaut,

dem Großvater hat man es beigebracht,

der Vater hat es gelernt,

der Enkel hat es bekommen,

bei mir ist es verkommen …!

Keine Worte für das Gegenüber

Neulich…

Wir haben keine Worte, alle sind damit beschäftigt

Nachrichten in das Smartphone zu tippen!

Kein Gespräch, keine Kommunikation –

Mehr Twitter oder Instagram

Follower, Likes, Tweets … und Emojis!

Keine Worte für das Gegenüber …

Der irre Blick auf das Display …

… heischend auf die nächste Message …

Keine Worte für das Gegenüber …

Statusmeldungen …

Verzweiflung … keine Verbindung!

Keine Worte für das Gegenüber …

…wie immer!

Schmerzliche Philosophie

Anklagend steht er vor der Tür!

Tiraden, Worte, Ausflüchte!

Ihre Augen werden klein,

sie sinkt in sich zusammen!

Er macht Vorhaltungen, philosophische Exkurse, klagt über

die Gesellschaft!

Beide sind verwundet!

Sprechen kann er nicht – seine und ihre Verzweiflung schreit

aus den Augen!

Drohend

Warnend

Vernichtend

Angstvoll

Sie hört ihn …

Sie spürt …

Er spürt …

Tränen!

… Philosophie schmerzt!

Blick ins Innere

Der Blick ins Innere ….

Abgründe, tiefe Verzweiflung, …

Flehende Augen blicken mich an …

… versteckt hinter Diskussionen …

… öffnen mir die Augen, Blick hinter die Maske, …

… hinter den Worten …

Verzweiflung,

Angst,

Maßlosigkeit,

… aufwühlend, berührend – ich blicke tief ins Innere eines

Menschen!

Venedig

Stadt der Romantik,

Stadt der Sehnsüchte,

Stadt des Harlekines,

Stadt der Liebenden,

Stadt der Hoffnung,

Stadt des Pierrots,

Stadt der Unglücklichen,

Stadt der zerbrochenen Herzen,

Stadt der Eifersucht,

Stadt der Enttäuschten,

Stadt der Traurigen,

… hier geschehen seltsame Dinge …

… hier geschehen unglaubliche Dinge …

Venedig!

Zauber

Die Menschen erhoffen sich etwas ...

Die Menschen sind verrückt ...

Die Menschen sind verliebt ...

Die Menschen sind romantisch ...

Die Menschen sind sehnsüchtig ...

Die Menschen sind eifersüchtig ...

Die Menschen sind verzaubert!

Venezianische Zeit

… steht still …

Zeit, die geschenkt wird …

Zeit, die verzaubert ist, …

Zeit, die romantisch ist …

Zauber der Zeit …

Vergänglich …

Venezianische Zeit!

Romeo und Julia

Liebe

Sehnsucht

Streit

Zwei Menschen

Flammend Herzen!

Flammende Liebe!

      Romeo und Julia!

...

Doch heute:

Keine Romantik!

keine Umwerbung!

Keine Sehnsucht!

...

nur „wischen", nur klicken!

      Romeo und Julia 2019!

Nicht sagen!

Nicht sagen!

Muss man tun!

Liebe muss man tun!

Wahrheit

Der Harlekin sagt die Wahrheit -ehrlich, schonungslos, auch wenn sie in Gedichte verpackt ist!

Richtig – Falsch

Was ist richtig?

Was ist falsch?

Ich kann es nicht deuten!

Ich kann es nicht sehen!

Ich weiß es nicht!

Falsch ist nichts zu sagen!

Falsch ist nichts zu tun!

Chaos

Menschen entscheiden sich für etwas!

Menschen vermeiden sich für etwas zu entscheiden!

Vakuum entsteht!

Um Entscheidungen werden gerungen!

Kein Schritt vorwärts!

Keine Entscheidungen!

Abstimmungen, die nichts bedeuten!

Menschen gehen auf die Straße!

Sie wollen Entscheidungen!

Angst!

Mutlosigkeit!

Chaos

… Lohn der nicht getroffenen Entscheidungen!

… Lohn der VERMEIDUNG!

Geschichte

Sie lebt, sie ist da …

mit jedem Atemzug erlebe ich sie

mit jedem Blick sehe ich sie …

sie umfängt einen jeden …

sie inspiriert mich …

sie berührt mich …

es ist unbeschreiblich Geschichte zu fühlen …

immer wieder auf einen neuen Eindruck …

besonders in solch alten Städten …

an solch historischen Orten …

… man wird sensibel und das ist gut!

Willen

Haben wir einen Willen?

Ich frage mich das oft!

Wir haben einen …

wir müssen ihn nur äußern,

dazu brauchen wir Mut,

dazu brauchen wir Charakter,

wenn wir Mut haben,

wenn wir Charakter haben,

haben wir einen Willen!

Zeitreise

Bin ich hier im Jetzt?

Bin ich hier, dann fühle ich keine Zeit …

… sie verrinnt, lässt alles klein erscheinen!

Bin ich hier im Jetzt?

Vergangenheit erscheint klar vor meinem Auge …

Vergangenheit erscheint schemenhaft vor meinem Auge …

Bin ich hier im Jetzt?

Ich bin ein Reisender – in der Zeit –

in der Vergangenheit, Gegenwart und Zukunft!

Ich bin hier im Jetzt!

Ich fühle keine Zeit!

Der Knopf

Das ist der Knopf, der uns alle umbringt!

Was ist der Knopf, der uns alle umbringt?

Das ist Verantwortung!

Das ist Hoffnung!

Das ist Lernen!

Das ist Leben!

Das ist Liebe!

Wenn wir das Beachten, brauchen wir den Knopf, der uns alle

umbringt, nicht mehr!

Pilgern

Wir wollen die Wahrheit!

Oft schweigen wir!

Oft hören wir Belanglosigkeiten!

Wir machen uns auf den Weg …

wir schwitzen,

wir schinden uns,

wir merken und wollen den Schmerz,

wir hoffen,

wir empfinden,

jeder Schritt kann uns der Wahrheit oder Lüge näherbringen,

… erkennen wir es?

… vielleicht!

Wissen

Wissen wir alles?

Wissen wollen wir alles – das Wissen macht manchmal Angst

und bringt Furcht!

Angst und Furcht sind schlechte Ratgeber!

... Aber sie bestimmen einen manchmal!

Respekt ist wichtig!

Haben wir Respekt, haben wir Wissen?

Wissen wir dann alles?!

Vielleicht?

Gelassenheit

Was passiert hier?

Ich lese in Gedanken – planlos, ziellos, geht die Zeit vorüber …

In manchen Gedanken sehe ich Ehrgeiz …!

Wozu Ehrgeiz?

Lohnt sich das – kann man das nicht auch gelassen sehen?

Gelassenheit schenkt Kraft!

Gelassenheit führt zur Zufriedenheit!

Gelassenheit ist Motor für Kreativität!

Gelassenheit schafft Freiheit – nicht nur im Kopf!

Dann kann alles kommen und man ist nicht enttäuscht,

wenn der Ehrgeiz einen überrennt!

Lasst uns Gelassenheit lernen!

Belastung

Wir ertrinken in Belastungen!

Wir ersticken damit unsere Kreativität!

Wir ersticken damit unsere Freiheit!

Wir ersticken damit unsere Zuwendung!

Belastung ist der Tod der Menschlichkeit!

Frei – unfrei

Frei …?

Unfrei …?

Nicht frei?

Blicke – Gedanken …

Blicke – Gedanken – Menschen …

Unfrei!

Frei!

Loslassen von Gedanken …

Loslassen von Vorurteilen …

Frei …?

Unfrei …?

Hoffnung auf Freiheit!

Fairness

Ich frage mich, was Fairness ist.

Zwei kämpfen um ein Ziel ...

Sie kämpfen mit den gleichen Voraussetzungen ...

... doch dann wird eingegriffen,

... der eine siegt!

Es wird betont – es war ein fairer Kampf!

Das ist also Fairness!

Sieg und Niederlage

Ein Sportler kann gewinnen,

ein Sportler muss gewinnen,

ein Sportler trägt den Sieg davon-

… keiner weiß, ob er gedopt hat!

… keiner weiß, ob der Kampf fair war!

… es wird gejubelt und bejubelt!

Siege sind wichtig!

ABER: Niederlagen sind ein Gewinn!

Weite

Gedanken ...

Freiheit ...

Hoffnung ...

Leben ...

Visionen davon ziehen vorüber!

...Weite!

Sinnsuche

Wir suchen nach dem Sinn – warum?

Es hat alles Sinn – lass es geschehen

und es zeigt sich der Sinn!

Suchst du den Sinn, wirst du ihn nicht finden!

Der Sinn wird dich finden –

Nicht du ihn!

Das ist das ewige Gesetz der Sinnsuche!

Irrwege

Menschen beschreiten Wege –

Sie meinen meistens, dass er der richtige ist!

Sie verlassen sich auf ihren Anführer!

Sie folgen ihm blind und sehen den Weg nicht!

Sie wissen nicht, ob es der richtige ist

und lassen sich entscheiden!

Erst am Ende merken sie ihre Blindheit!

Seid nicht blind!

Fangt an selbst Wege zu finden!

Klar?

Was ist denn klar – gar nichts -alles?

Bin ich mit meinen Worten klar?

Bin ich mit meinen Worten unklar?

Bin ich mit meinen Taten klar?

Bin ich mit meinen Taten unklar?

Muss ich das Wissen?

Soll ich Das Wissen?

Unklar?

Ein seltsames Wort – was bedeutet es wirklich?

Entscheidungen

Immer anders

Immer neu

Wieder anders

Improvisierend

Nicht planvoll

Nicht nachhaltig

Immer anders

Anders

Entscheidungen?

Entscheidungen!

Gemeinsamkeit

Schwarz und weiß - sind das Unterschiede – Gegensätze?

Schwarz und weiß – sind das Gemeinsamkeiten?

Schwarz und weiß – sind das Menschen?

Sie fühlen;

Sie leben;

Schwarz und weiß – das sind keine Unterschiede!

Schwarz und weiß – das sind Gemeinsamkeiten!

Schwarz und weiß. das sind Freunde!

Fahrt

Dunkelheit umfängt mich!

Scheinwerfer durchschneiden die Dunkelheit, rauschen
vorbei!

Dunkelheit umfängt mich!

Blitzartig durchzuckt ein Gedanke die Dunkelheit – nicht zu
fassen und doch da!

Dunkelheit umfängt mich erneut!

Am Horizont Licht – am Horizont Licht – Kilometer unter
meinen Reifen werden abgespult!

Dunkelheit umfängt mich – am Horizont Licht – Scheinwerfer
zerreißen die Nacht!

Rauschen vorbei!

Ich fahre weiter in die Dunkelheit – leer – ohne Emotionen ...!

Welt

Harlekin Pierrot sieht die Welt – voller Zorn, Wut aber auch
mit Interesse …

… folge seinen Beobachtungen, wenn Du willst!

Streik

Streik – Protest – Gegen und Für etwas sein!

Hier passiert es vor unseren Augen!

Hier wird es gelebt – hier sind Menschen, die für ihre Ideale einstehen!

Es gibt sie noch - die Menschen!

Zum Glück!

April 2019 – Krakau – Mielec – Polen!

Für etwas einstehen – Meinung haben!

Menschen müssen wieder aufstehen!

Menschen müssen wieder Meinung äußern!

Demokratie kann nur so wirklich funktionieren!

Das ist wirkliche Demokratie!

Nicht nur wischen, klicken, lethargisch sein!

Aktiv sein, teilnehmen, gestalten!

Häuser

Geschichte lebt –

die Häuser sind da und erzählen,

die Menschen laufen vorbei und merken es auch,

die Häuser sind da und erzählen,

die Augen folgen den Menschen,

die Häuser sind da und erzählen,

Glocken klingen und erzählen,

die Häuser sind da und erzählen,

Gedanken schwirren und versuchen konkret zu werden,

die Häuser sind da und erzählen,

. – Geschichte lebt, wir müssen nur zuhören!

Protest

Werdet laut!

Verschafft Euch Gehör!

Teilt Euch mit!

Schweigt nicht!

Kämpft für Eure Ziele!

Protest ist wichtig!

Protest schafft Anlass zur Veränderung!

Werdet laut!

Verschafft Euch Gehör!

Hilfe

Menschen brauchen Hilfe!

Wer hilft Ihnen?

Wer hilft uns?

Keiner, alle schauen verlegen weg,

... voyeuristisch wird aber das Foto gemacht,

der Film gedreht!

Es hilft keiner –

man könnte etwas falsch machen – in den Augen Angst,

Mutlosigkeit, keine Courage!!

DOCH:

Habt Mut!

Habt Courage!

Seid keine Voyeure!

Dann helft Ihr den Menschen – dann helft Ihr EUCH und uns!

Aufruhr

Die Welt ist in Aufruhr …!

Kein Mensch bemerkt es!

Kein Mensch will es sehen!

Kein Mensch darf es sehen!

Der Blick wird auf anderes gelenkt!

Der Blick soll auf Belangloses fallen!

Der Blick ist nicht frei!

Den Aufruhr soll keiner sehen,

denn Aufruhr zeigt Unzufriedenheit an,

keiner soll sie sehen,

keiner soll sie merken!

Belangloses soll den Blick vernebeln!

…

LASST Euch den Blick nicht vernebeln!

Werdet FREI!

Macht AUFRUHR!

Das Telefonat

Zwei Männer,

zwei Telefone,

…. sie verhandeln,

ein Land,

sie sprechen,

das Land leidet,

sie entscheiden,

das Volk muss es ertragen,

und wir?

Lassen es geschehen!

Lassen zwei Männer telefonieren!

…

Zwei Männer

Man muss es aussprechen!

Man muss es wagen!

Man muss es Ihnen zeigen – direkt!

Es nicht geschehen lassen, dass nur Sie über alles

entscheiden,

die Freiheit der Menschen, Krieg und Frieden!

Zwei Männer sind zu wenig!

Wir sind mehr!

Raketen und Brot

Ein Land leidet Hunger!

Ein Staat hat Raketen!

Lieber Raketen als Brot!

Lieber bewaffnet als satt!

Das will die Politik so!

Das gibt es im 21.Jahrhundert!

Das ist wie so oft in der Geschichte!

Wir merken es nicht einmal!

Wir sehen die Menschen nicht,

nur einen, der entscheidet:

Lieber Raketen statt Brot!

Wer wiederspricht, stirbt!

Europa

Europa, was ist das?

Europa, das sind Menschen!

Europa, das sind wir!

Bunt,

vielfältig,

kreativ,

friedliebend,

individuell,

gemeinsam sind wir Europa – lasst uns gemeinsam anfangen

unsere Probleme zu lösen, denn allein sind wir zu schwach!

Europa, das sind wir!

Europa, das wollen wir!

Augenscheinlich

Augenscheinlich herrscht Frieden,

aber es herrscht auch Krieg, nur sehen wollen wir Ihn nicht!

Wir müssen aufpassen und Engagement zeigen, damit wir

nicht verlieren!

Wahl

Haben wir eine Wahl?

Ja, wir haben eine Wahl!

Ja, wir haben ein Ziel!

Lassen wir uns eine Wahl,

und nutzen diese große Freiheit!

Wir wissen nicht mehr, was diese Freiheit bedeutet –

Wir ignorieren es und lassen es geschehen –

Immer und immer wieder –

Wir haben die Wahl!

Café

Menschen sitzen da,

unterhalten sich,

lachen,

streiten,

diskutieren,

erklären die Welt …

… und die Welt?

Philosophie

Gläser auf dem Tisch …

voll …

Hitzige Gespräche,

Diskussionen,

Gläser auf dem Tisch …

leer …

Erklärungen,

Streitereien,

Gläser auf dem Tisch …

Philosophie – Biertischphilosophie!

Horizont

Ich sehe an den Horizont …

Sehe Entscheidungen …

Sehe Menschen …

Sehe Grenzen, die nicht mehr existent geglaubt waren …

Doch sie entstehen wieder!

Sie sind wieder da …

Und das ist bedrückend!

Im 21. Jahrhundert sind wir wieder auf dem Weg zurück!

Wo ist der Wille offen zu sein?

Wo ist der Wille frei zu sein?

Wo ist der Wille unabhängig zu sein?

Wir gehen wieder zurück!

… Mittelalter?!

… ist das unser Horizont?

Krieg haben

Krieg haben wir, nur keiner will in sehen!

Krieg haben wir, nur keiner will ihn bemerken!

Krieg haben wir, nur keiner will wirklich etwas dagegen tun!

Krieg haben wir, nur keiner will ihn haben!

- Was ist das?

- Sind wir so stumpf?

- Das darf nicht sein, ist aber leider so!

Grausam!

Menschen machen Krieg

Menschen machen Krieg, wenn sie einfache Lösungen bevorzugen ...

Und meistens sind es wenige, die darüber entscheiden, ...

Und meistens sind es viele, die blind sind, ...

Und meistens sind es alle, die leiden, ...

... nur die Lösungen, die werden nicht hinterfragt!

... nur die Lösungen, die sind einfach!

... fangt an Lösungen zu hinterfragen!

Nackt

Nackt stehen wir alle hier!

Nackt sind wir alle hier!

Warten auf das unvermeidliche …

Gedanken sind keine da …

Leere …

Nackt ohne Identität …

… nur als Individuum …

… eingepfercht …

Nackt stehen wir alle hier!

Warten auf das unvermeidliche …

Nackt!

Unruhe – kein Widerspruch

Wieder rollen Panzer ...

Keiner sieht sie ...

Keiner nimmt sie wahr ...

Keiner protestiert ...

Keiner widerspricht ...

Man lehnt sich zurück in seinen Sessel ...

Klickt lieber die Wahrheit weg!

Wahrheit ist nicht ansehbar!

Meinung

Jeder hat eine Meinung!

Jeder hat keine Meinung!

Meinung wird gebildet!

Meinung wird gebrochen!

Meinung ist persönlich!

Meinung ist individuell!

Meinung ist frei!

Kategorie des Geschlechts

Das Geschlecht ist keine Kategorie …

Oft wird man aber kategorisiert …

… beeinflusst!

Wir sind Menschen und sollen uns als Menschen sehen!

Nicht als Mann, nicht als Frau, nicht als Divers – sondern als Mensch!

Inhaltsverzeichnis